W0074365

100% SPANISCH
DER SPRACHFÜHRER
VON HEUTE

HOLA!

Mit diesem Sprachführer sind Sie in allen Bereichen bestens gerüstet. Egal, ob Sie nun eine Zugfahrkarte kaufen, in einem Restaurant eine lokale Spezialität bestellen, einen Flirt auf einer Terrasse beginnen oder den nächstgelegenen Hotspot suchen möchten, dieser Guide mit mehr als 400 Sätzen, zahlreichen Tipps und ausführlichen Wörterlisten ist der ideale Begleiter für Städtetrips, Dienst- und Urlaubsreisen.

Mit diesem Sprachführer können Sie Ihr Anliegen im Nu vorbringen. Probleme mit der Aussprache? Dann lassen Sie einfach Ihre praktische Smartphone-App für Sie sprechen.

APP & GUIDE – WIE FUNKTIONIERT DAS?

Der Guide ist der Sprachführer, den Sie gerade in Händen halten. Die App für Ihr Smartphone müssen Sie erst über den App Store, bzw. Play Store herunterladen. Das ist jedoch ziemlich einfach. Und nach dem Herunterladen der App brauchen Sie keine Internetverbindung mehr – die App ist nämlich eine Offline-Anwendung. So müssen Sie bei einem Auslandsaufenthalt auch keine Angst vor hohen

Handyrechnungen haben! Um die App herunterladen zu können, benötigen Sie lediglich ein internetfähiges Smartphone*.

Der Inhalt der App entspricht im Wesentlichen dem dieses Sprachführers. Der große Vorteil der App ist aber, dass Sie die eingesprochenen Sätze abspielen und somit Ihr Smartphone für Sie sprechen lassen können. Äußerst praktisch, wenn es mal zu kompliziert wird. Und mit den cleveren Funktionen, mit denen diese App ausgestattet ist, finden Sie die gesuchten Wörter schnell und einfach.

* Die App wurde erstellt für iPhones, iPod Touch und Smartphones mit dem Android-Betriebssystem.

ABC AUF SPANISCH

A	*a*	T	*te*
Ä	*a kon diéresis*	U	*u*
B	*be*	Ü	*u kon diéresis*
C	*ce*	V	*be*
D	*de*	W	*be doble*
E	*e*	X	*egies*
F	*efe*	Y	*i griega*
G	*ge*	Z	*zeta*
H	*ache*		
I	*i*		
J	*gota*		
K	*ka*		
L	*ele*		
M	*eme*		
N	*ene*		
O	*ô*		
Ö	*o kon diéresis*		
P	*pe*		
Q	*kuh*		
R	*erre*		
S	*ese*		

NOTIZEN

NOTIZEN

NOTIZEN

NOTIZEN

100% SPANISCH

ALLGEMEIN

BASIS

Ja	Sí	*si*
Nein	No	*no*
Vielleicht	Quizás	*kithas*
Hallo	Hola	*ola*
Guten Morgen	Buenos días	*bu-enos dias*
Guten Tag	Buenas tardes	*bu-enas tardes*
Guten Abend	Buenas noches	*bu-enas notsches*
Gute Nacht	Buenas noches	*bu-enas notsches*
Bis morgen	Hasta mañana	*asta maniana*
Bis nachher	Hasta luego	*asta lu-ego*
Auf Wiedersehen	Hasta la vista	*asta la wista*
Willkommen	Bienvenido	*bi-enwenido*
Bitte (Wunsch)	Por favor	*por fawor*
Bitteschön, bitte (nach Dank)	Tome usted	*tome usted*
Danke	Gracias	*grathias*
Vielen Dank	Muchas gracias	*mutschas grathias*
Gerne geschehen	De nada	*de nada*
Vielen Dank für die Gastfreundschaft	Gracias por su hospitalidad	*grathias por su hospitalidad*
Entschuldigen Sie bitte	Perdón	*perdon*
Es tut mir leid	Lo siento	*lo si-ento*

Das macht nichts	No se preocupe	*no se preokupe*
Einen Augenblick bitte	Un momento, por favor	*un momento por fawor*
Wo?	¿Dónde?	*donde?*
Wann?	¿Cuándo?	*kuando?*
Was?	¿Qué?	*ke?*
Wie?	¿Cómo?	*komo?*
Wie viel?	¿Cuánto?	*kuanto?*
Welche?	¿Cuál?	*kual?*
Wer?	¿Quién?	*ki-en?*
Warum?	¿Por qué?	*por ke?*

Wie heißt dies?	¿Cómo se llama esto? *kumo se jama esto?*
Wie heißt das?	¿Cómo se llama eso? *komo se jama eso?*
Was bedeutet dies?	¿Qué significa esto? *ke signifika esto?*
Wie bitte?	¿Cómo dice? *komo dithe?*
Ich verstehe es nicht.	No lo entiendo. *no lo enti-endo*
Können Sie das bitte wiederholen?	¿Quiere repetirlo, por favor? *ki-ere repetirlo, por fawor*
Können Sie es aufschreiben?	¿Me lo puede escribir? *me lo pu-ede eskribir?*
Sprechen Sie bitte langsamer.	Más despacio, por favor. *mas despathio, por favor*

Sprechen Sie Englisch?	¿Habla usted inglés?
	abla usted ingles?
Ich spreche kein Spa-	No hablo español.
nisch.	*no ablo espaniol*
Gute Reise!	¡Buen viaje!
	bu-en wiache
Viel Spaß!	¡Que se divierta!
	ke se diwi-erta
Viel Glück!	¡Mucha suerte!
	mutscha su-erte!
Herzlichen Glückwunsch!	¡Muchas felicidades!
	mutschas felithidades!
Gute Besserung!	¡Que se mejore!
	ke se mechore
Nur Mut!	¡Ánimo!
	animo!
Viel Erfolg!	¡Suerte!
	su-erte!
Gibt es heute in der Stadt	¿Hay algún espectáculo
etwas zu sehen?	especial esta noche en la
	ciudad?
	ai algun espektakulo
	espethial esta notsche en
	la thiudad?
Können Sie ein Foto von	¿Nos podría hacer una
uns machen?	foto?
	nos podria ather una foto?
Darf ich hier rauchen?	¿Puedo fumar aquí?
	pu-edo fumar aki?

| **Haben Sie Feuer?** | ¿Tiene fuego? |
| | *ti-ene fu-ego?* |

ZEIT

Welches Datum haben wir heute?	¿Cuál es la fecha de hoy?
	kual es la fetscha de oi?
Wie spät ist es?	¿Qué hora es?
	ke ora es?
Wann fängt es an?	¿A qué hora empieza?
	a ke ora empi-etha?
Wann ist es zu Ende?	¿A qué hora termina?
	a ke ora termina?
Wie lange dauert es?	¿Cuánto tiempo dura?
	kuanto ti-empo dura?
Bis wann ist es geöffnet?	¿Hasta qué hora está abierto?
	asta ke ora esta abi-erto?
Ab wann ist es geschlossen?	¿A qué hora cierra?
	a ke ora thi-erra
Vorgestern	anteayer
	anteajer
Gestern	ayer
	ajer
Heute	hoy
	oi
Morgen	mañana
	maniana
Übermorgen	pasado mañana

	pasado maniana
am Morgen	por la mañana
	por la maniana
am Nachmittag	por la tarde
	por la tarde
am Abend	por la noche
	por la notsche
nachts	por la noche
	por la notsche

TAGE

Montag	lunes	*lunes*
Dienstag	martes	*martes*
Mittwoch	miércoles	*mi-erkoles*
Donnerstag	jueves	*chu-ewes*
Freitag	viernes	*wi-ernes*
Samstag	sábado	*sabado*
Sonntag	domingo	*domingo*

MONATE

Januar	enero	*enero*
Februar	febrero	*febrero*
März	marzo	*martho*
April	abril	*abril*
Mai	mayo	*majo*
Juni	junio	*chunio*
Juli	julio	*chulio*

August	agosto	*agosto*
September	septiembre	*septi-embre*
Oktober	octubre	*oktubre*
November	noviembre	*nowi-embre*
Dezember	diciembre	*dithi-embre*

ZAHLEN

0	cero	*thero*
1	uno	*uno*
2	dos	*dos*
3	tres	*tres*
4	cuatro	*kuatro*
5	cinco	*thinko*
6	seis	*seis*
7	siete	*si-ete*
8	ocho	*otscho*
9	nueve	*nu-ewe*
10	diez	*di-eth*
11	once	*onthe*
12	doce	*dothe*
13	trece	*trethe*
14	catorce	*katorthe*
15	quince	*kinthe*
16	dieciséis	*di-ethiseis*
17	diecisiete	*di-ethisi-ete*
18	dieciocho	*di-ethiotscho*
19	diecinueve	*di-ethinu-ewe*
20	veinte	*weinte*

30	treinta	*treinta*
40	cuarenta	*kuarenta*
50	cincuenta	*thinku-enta*
60	sesenta	*sesenta*
70	setenta	*setenta*
80	ochenta	*otschenta*
90	noventa	*nowenta*
100	cien(to)	*thi-en(to)*

NOTIZEN

NOTIZEN

100% SPANISCH

MITEINANDER SPRECHEN

KENNENLERNEN

Hallo! Wie geht's?	¡Hola! ¿Qué tal?
	ola! ke tal?
Wie geht es Ihnen?	¿Cómo está usted?
	komo estaa usted?
Sehr gut, danke.	Muy bien, gracias.
	mui bien, grathias
Wie heißt du?	¿Cómo te llamas?
	komo te jamas?
Mein Name ist ...	Me llamo ...
	me jamo ...
Sehr erfreut (Sie kennen-	Encantado (de conocerle)
zulernen)	*enkantado (de konotherle)*
Wie alt bist du?	¿Cuántos años tienes?
	kuantos anios ti-enes
Ich bin ... Jahre alt.	Tengo ... años.
	tengo .... anios
Ich komme aus Deutsch-	Soy de Alemania/Austria/
land/Österreich/der	Suiza.
Schweiz.	*soie de allemania/austria/*
	suizaa
Wo kommst du her?	¿De dónde eres?
	de donde eres?

INTERESSEN

Ich verreise gerne.	Me gusta viajar.
	me gusta wiachar
Ich mag Abenteuer.	Me gusta la aventura.
	me gusta la awentura
Ich mag gutes Essen.	Me gusta comer bien.
	me gusta komer bien
Ich lerne gerne neue Menschen kennen.	Me gusta conocer a gente nueva.
	me gusta konother a chente nu-ewa
Hast du Lust, dich zu verabreden?	¿Te gustaría que quedásemos alguna vez?
	te gustaria ke kedasemos alguna veth?
Welche Art von Musik hörst du gerne?	¿Qué tipo de música te gusta?
	ke tipo de musika te gusta?
Was sind deine Lieblingsfilme?	¿Cuáles son tus películas favoritas?
	kuales son tus pelikulas fawortias
Was ist dein liebstes Urlaubsziel?	¿Dónde te gusta irte de vacaciones?
	donde te gusta irte de vakathiones?

VON SICH ERZÄHLEN

Ich bin verheiratet.	Estoy casado\a.
	estoi kasado/a
Ich habe Kinder.	Tengo hijos.
	tengo ichos
Haben Sie Kinder?	¿Tiene usted hijos?
	ti-ene usted ichos?
Sind Sie verheiratet?	¿Está usted casado/a?
	estaa usted kasado/a
Ich bin single.	Estoy soltero/a.
	estoi soltero/a
Ich bin alleinstehend.	Estoy sin compromiso.
	estoi sin kompromiso
Ich bin geschieden. (f)	Estoy separada.
	estoi separada
Ich bin geschieden. (m)	Estoy separado.
	estoi separado
Ich bin in Deutschland/ Österreich/der Schweiz geboren.	Nací en Alemania/Austria/ Suiza.
	nathi en allemania/austria/ suizaa
Ich wohne in ...	Vivo en ...
	wiwo en ...
Ich komme aus ... (Berlin/ Wien/Zürich).	Vengo de ...
	wengo de ...
Was arbeitest du?	¿A qué te dedicas?
	a ke te dedikas?

Welche Ausbildung machst du?	¿Qué estudias?
	ke estudias?
Wo kommst du her?	¿De dónde vienes?
	de donde wi-enes
Wie alt bist du?	¿Cuántos años tienes?
	kuantos anios ti-enes

IN DER STADT

Kannst du mir die Stadt zeigen?	¿Me enseñas la ciudad?
	me ensenias la thiudad
In welche Kneipe gehst du am liebsten?	¿Cuál es para ti el mejor bar?
	kual es para ti el mechor bar?
Welches ist dein Lieblingscafé?	¿Cuál es tu cafetería favorita?
	kual es tu kafeteria faworita?
Welche ist deine Lieblingsbuchhandlung?	¿Cuál es tu librería favorita?
	kual es tu libreria faworita?
Wo gehst du am liebsten einkaufen/shoppen?	¿Dónde te gusta ir de compras?
	donde te gusta ir de kompras?

Sind in nächster Zeit gute Festivals/Konzerte?	¿Hay algún festival dentro de poco? *ai algun festiwal dentro de poko?*
Wo kann ich Konzert-karten kaufen?	¿Dónde puedo comprar entradas para conciertos? *donde puedo komprar ent-radas para konthi-ertos?*
Warum wohnst du gerne in ...?	¿Qué es lo que más te gusta de vivir en…? *ke es lo ke mas te gusta de wiwir en ...?*
Gehen wir heute Abend zusammen aus?	¿Salimos esta noche? *salimos esta notsche?*
Hast du Lust, dich mal zu verabreden?	¿Te gustaría quedar conmigo alguna vez? *te gustaria kedar konmigo alguna weth?*

DAS WETTER

Wie wird das Wetter heute?	¿Qué tiempo hará hoy? *ke ti-empo araa oi?*
Heute ist ein schöner Tag.	Hoy hace un día estupen-do. *oi athe un dia estupendo*
Scheint die Sonne in den nächsten Tagen?	¿Va a hacer sol los próxi-mos días? *wa a ather sol los proksi-*

	mos dias?
Es ist kalt.	Hace frío.
	athe frio
Es ist warm.	Hace calor.
	athe kalor
Die Sonne scheint.	Hace sol.
	athe sol
Es regnet.	Llueve.
	ju-ewe

VERABSCHIEDUNG

Es war schön.	Me lo he pasado muy bien.
	me lo e pasado mui bien
Bis bald!	¡Hasta pronto!
	asta pronto
Tschüss!	¡Chao!
	tschao

NOTIZEN

100% SPANISCH

HILFE!

NOTFÄLLE

Ich brauche schnell Hilfe!	¡Necesito ayuda urgente-mente!
	nethesito ajuda urchente-mente!
Darf ich Ihr Telefon be-nutzen?	¿Puedo utilizar su teléfono?
	pu-edo utilithar su tele-fono?
Dies ist ein Notfall!	¡Es una emergencia!
	es una emerchenthia!
Pass auf!	¡Ojo!
	ocho!
Hilfe! Haltet den Dieb!	¡Socorro! ¡Al ladrón!
	sokorro! al ladron!
Rufen Sie die Polizei!	¡Llame a la policía!
	jame a la polithia!
Rufen Sie einen Arzt!	¡Llame a un médico!
	jame a un mediko!
Rufen Sie einen Kranken-wagen!	¡Llame a una ambulancia!
	jame a una ambulanthia!

BEIM ARZT

Wann ist die Sprech-stunde?	¿A qué hora es la consulta?
	a ke ora es la konsulta?
Ich möchte gerne einen Termin vereinbaren.	Querría pedir hora.
	kerria pedir ora

Ich habe Kopfschmerzen.	Tengo dolor de cabeza.
	tengo dolor de kabetha
Mir ist schwindelig.	Estoy mareada.
	estoi mareada
Mir ist übel.	Tengo náuseas.
	tengo nauseas
Ich muss die ganze Zeit husten.	Estoy tosiendo todo el tiempo.
	estoi tosi-endo todo el tiempo
Ich bin allergisch gegen ...	Soy alérgico a ...
	soi alerchiko a
Ich bin zuckerkrank.	Soy diabético.
	soi diabetiko
Ich bin herzkrank.	Padezco del corazón.
	padethko del korathon
Ich habe Fieber.	Tengo fiebre.
	tengo fi-ebre
Ich habe Halsschmerzen.	Me duele la garganta.
	me du-ele la garganta
Ich habe Zahnschmerzen.	Tengo dolor de muelas.
	tengo dolor de mu-elas
Ich habe Ohrenschmerzen.	Me duele el oído.
	me du-ele el oido
Ich bin schwanger.	Estoy embarazada.
	estoi embarathada
Ich bin hingefallen.	Me he caído.
	me e kaido
Mein Rücken tut weh.	Me duele la espalda.

	me du-ele la espalda
Mein Bein tut weh.	Me duele la pierna.
	me du-ele la pierna
Mein Arm tut weh.	Me duele el brazo.
	me du-ele el bratho
Ich brauche dringend einen Arzt.	Necesito un médico urgentemente.
	nethesito un mediko urchentemente
Ich brauche dringend einen Zahnarzt.	Necesito un dentista urgentemente.
	nethesito un dentista urchentemente

IN DER APOTHEKE

Gibt es hier eine Apotheke?	¿Hay una farmacia por aquí?
	ai una farmathia por aki?
Haben Sie ein Mittel gegen Kopfschmerzen?	¿Tiene algo para el dolor de cabeza?
	tiene algo para el dolor de kabetha?
Haben Sie ein Mittel gegen Heuschnupfen?	¿Tiene algo para la fiebre del heno?
	tiene algo para la fi-ebre del eno?
Haben Sie ein Mittel gegen Durchfall?	¿Tiene algo para la diarrea?
	tiene algo para la diarrea?

PROBLEME

**Ich habe meine Auto-
schlüssel verloren.**

He perdido las llaves del
coche.
*e perdido las jawes del
kotsche*

Ich habe mich verlaufen.

Me he perdido.
me e perdido

**Kann ich einen Dolmet-
scher bekommen?**

¿Puede venir un intérpre-
te?
*pu-ede wenir un interpre-
te?*

Ich habe ein Problem.

Tengo un problema.
tengo un problema

Können Sie mir helfen?

¿Puedes ayudarme?
pu-edes ajudarme?

Wo ist das Polizeibüro?

¿Dónde hay una comisaría
de policía?
*donde ai una komisaria de
polithia?*

Wo ist das Krankenhaus?

¿Dónde está el hospital?
donde esta el ospital?

**Ich habe mein Portemon-
naie verloren.**

He perdido el monedero.
e perdido el monedero

**Mir wurde meine Kamera
gestohlen.**

Me han robado la cámara.
me an robado la kamara

Ich wurde verhaftet.

Me han detenido.
me an detenido

Ich bin krank.	Estoy enfermo. *estoi enfermo*
Ich habe Heimweh.	Tengo morriña. *tengo morrinia*
Ich will nach Hause.	Me quiero ir a casa. *me ki-ero ir a kasa*
Ich habe meinen Pass verloren.	He perdido el pasaporte. *e perdido el pasaporte*
Ich möchte einen Diebstahl anzeigen.	Quisiera denunciar un robo. *kisiera denunthiar un robo*
Mein Pass wurde gestohlen.	Me han robado el pasaporte. *me an robado el pasaporte*
Mein Portemonnaie wurde gestohlen.	Me han robado el monedero. *me an robado el monedero*
Meine Kreditkarte wurde gestohlen.	Me han robado la tarjeta de crédito. *me an robado la tarcheta de kredito*
Mein Handy wurde gestohlen.	Me han robado el teléfono móvil. *me an robado el telefono mobil*

ÄRGER

Lassen Sie mich in Ruhe!	¡Déjame en paz!
	dechame en path!
Geh bitte weg!	¡Vete, por favor!
	wete, por fawor!
Ich mag das nicht.	Esto no me gusta nada.
	esto no me gusta nada
Das stimmt nicht.	Esto no es correcto.
	esto no es korrekto
Das haben wir nicht vereinbart.	No habíamos quedado en esto.
	no abiamos kedado en esto
Das bezahle ich nicht!	¡No voy a pagar esto!
	no woi a pagar esto!
Das ist lächerlich.	Esto es ridículo.
	esto es ridikulo
Ich gehe zur Polizei.	Voy a la comisaría.
	woi a la komisaria

NOTIZEN

100% SPANISCH

AUF DER REISE

TICKETS KAUFEN

Wo kann ich eine Fahrkarte kaufen?	¿Dónde se compran los billetes? *donde se kompran los bijetes?*
Ich möchte eine Fahrkarte nach ...	Quisiera un billete para ... *kisi-era un bijete para ...*
Wie viel kostet eine Fahrkarte?	¿Cuánto cuesta un billete? *kuanto ku-esta un bijete?*
Zwei Karten, bitte.	Dos billetes, por favor. *dos bijetes, por fawor*
eine Einzelfahrkarte	un billete de ida *un biljete de ida*
eine Hin- und Rückfahrkarte	un billete de ida y vuelta *un biljete de ida y vuelta*
eine Tageskarte	un viaje de ida y vuelta en el día *un wiaje de ida y wu-elta en el dia*

BUS, U-BAHN, ZUG

Wo ist der Busbahnhof?	¿Dónde está la estación de autobuses?
	donde estaa la estathion de autobuses
Ist dies der Bus nach ...?	¿Es este el bus a ...?
	es este el bus a ...?
Ist dieser Platz besetzt?	¿Está ocupado?
	estaa okupado?
Wann fährt der letzte Bus?	¿A qué hora sale el último autobús?
	a ke ora sale el ultimo autobus?
Welche Linie muss ich nehmen?	¿Qué número tengo que coger?
	ke numero tengo ke kocher?
Wann kommt der nächste ...?	¿Cuándo viene el siguiente?
	kuando wi-ene el sigiente?
Wann fährt der Zug nach ...?	¿A qué hora sale el tren para...?
	a ke ora sale el tren para...
Welches ist die nächste Haltestelle?	¿Cuál es la próxima parada?
	kual es la proksima parada?
Auf welchem Bahnsteig fährt ...?	¿De qué andén sale el ...?
	de ke anden sale el ...?

Wo ist die U-Bahnstation? ¿Dónde está la parada del metro?

donde estaa la parada del metro?

TAXI

Wo gibt es einen Taxi-stand? ¿Dónde hay una parada de taxis?

donde ai una parada de taksis?

Können Sie mir ein Taxi rufen? ¿Puede llamar a un taxi, por favor?

pu-ede jamar a un taksi, por fawor?

Können Sie mich zu dieser Adresse bringen? Lléveme a esta dirección, por favor

jeweme a esta direkthion, por fawor

Wie viel wird die Fahrt kosten? ¿Cuánto va a costar el trayecto?

cuanto va a kostar el trajekto?

Das ist zu teuer. Es demasiado caro.

es demasiado karo

Bitte, schalten Sie den Taxameter ein. Ponga el taxímetro, por favor.

ponga el taksimetro, por fawor

Würden Sie hier auf mich warten?	Por favor, ¿puede esperarme aquí?
	por fawor, pu-ede esperarme aki?
Können Sie bitte etwas langsamer fahren?	¡Más despacio, por favor!
	mas despathio, por fawor!
Können Sie bitte etwas schneller fahren?	¿Podría conducir un poco más rápido?
	podria konduthir un poko mas rapido?
Können Sie hier anhalten?	¿Puede parar aquí?
	pu-ede parar aki?
Zum Bahnhof, bitte.	A la estación, por favor.
	a la estathion, por fawor
Zum Flughafen, bitte.	Al aeropuerto, por favor.
	al a-eropu-erto, por fawor
Ins Zentrum, bitte.	Al centro, por favor.
	al thentro, por fawor

EIN FAHRZEUG MIETEN

Ich möchte einen Motorroller mieten.	Quisiera alquilar una motocicleta.
	kisi-era alkilar una motothikleta
Ich möchte ein Fahrrad mieten.	Quisiera alquilar una bicicleta.
	kisi-era alkilar una bithikleta

Ich möchte ein Auto mieten.	Quisiera alquilar un coche. *kisi-era alkilar un kotsche*
Was kostet es pro Tag?	¿Cuánto cuesta por día? *kuanto ku-esta por dia?*
Was kostet es pro Woche?	¿Cuánto cuesta por semana? *kuanto ku-esta por sema-na?*
Muss ich eine Kaution bezahlen?	¿Hay que abonar una fianza? *ai ke abonar una fiantha?*
Wie hoch ist die Kaution?	¿De cuánto es la fianza? *de kuanto es la fiantha?*
Was ist im Preis inbegriffen?	¿Qué está incluido en el precio? *ke esta inkluido en el prethio?*
Ist es auch möglich, ein Navigationsgerät zu mieten?	¿Puedo alquilar también un sistema de navegación? *pu-edo alkilar tambien un sistema de nawegathion?*
Wie viel beträgt die Höchstgeschwindigkeit?	¿Cuál es la velocidad máxima? *kual es la welothidad maksima?*

AM FLUGHAFEN

Ich möchte einen Flug nach ... reservieren.	Quiero reservar un vuelo a ... *kiero reserwar un wuelo a ...*
Ich möchte diesen Flug stornieren.	Quiero anular este vuelo. *kiero anular este wuelo*
Wo finde ich den Auskunftsschalter?	¿Dónde está el mostrador de información? *donde esta el mostrador de informathion?*
Wo ist der Abfertigungsschalter für den Flug von ... Uhr nach ...?	¿Dónde está el mostrador de facturación para el vuelo de las ... a ...? *donde esta el mostrador de informathion para el wuelo de las ....a ... ?*
Wir möchten nebeneinander sitzen.	Queremos sentarnos juntos. *keremos sentarnos chuntos*
Ich möchte gerne am Fenster sitzen.	Quiero un asiento junto a la ventana. *kiero un asiento chunto a la wentana*

Ich hätte gerne einen Gangplatz.	Quiero un asiento junto al pasillo.
	kiero un asiento chunto al pasijo
Ich leide unter Flugangst.	Tengo miedo a volar.
	tengo mi-edo a wolar
Mein Koffer ist verschwunden.	Mi maleta ha desaparecido.
	mi maleta a desaparethido

100% SPANISCH

BEZAHLEN

BANKKARTE & KREDITKARTE

Ich suche einen Geld-automaten.
Busco un cajero automá-tico.
busko un cachero auto-matiko

Gibt es hier in der Nähe eine Bank?
¿Hay un banco por aquí cerca?
ai un banko por aki therka?

Kann ich mit Kreditkarte bezahlen?
¿Puedo pagar con tarjeta de crédito?
pu-edo pagar kon tarcheta de kredito?

Meine Karte wurde gesperrt.
Me han bloqueado la tarjeta.
me an blokeado la tarcheta

Kann ich mit Bankkarte bezahlen?
¿Puedo pagar con tarjeta de débito?
pu-edo pagar kon tarcheta de debito?

ETWAS BEZAHLEN

Was kostet das?	¿Cuánto vale esto?
	kuanto wale esto?
Können Sie mir den Preis notieren?	¿Me escribe el precio en un papel?
	me eskribe el prethio en un papel?
Können Sie es einpacken?	¿Me hace el favor de envolverlo?
	me athe el fawor de enwolwerlo?
Haben Sie eine Tasche?	¿Me da una bolsa?
	me da una bolsa?

UM DEN PREIS HANDELN

Bekomme ich Rabatt?	¿Esto tiene descuento?
	esto ti-ene desku-ento?
Das ist viel zu teuer.	Es demasiado caro.
	es demasiado karo
Sie machen sicher einen Scherz?	Está de broma, ¿no?
	estaa de broma, no?
Ich bezahle Ihnen die Hälfte.	Le doy la mitad.
	le doi la mitad
Wir kommen ins Geschäft.	Trato hecho.
	trato etscho

NOTIZEN

100% SPANISCH

TELEFON & INTERNET

ANRUFEN

Ich brauche ein Ladegerät für mein Handy.

Necesito un cargador para el móvil.

nethesito un kargador para el mobil

Darf ich bitte telefonieren?

¿Puedo llamar un momento?

pu-edo liamar un momento?

INTERNET & MAIL

Wo gibt es hier ein Internetcafé?

¿Dónde hay un cibercafé?

donde ai un thibercafe?

Gibt es hier Internet?

¿Hay internet?

ai internet?

Haben Sie drahtloses Internet/WLAN?

¿Disponen ustedes de internet inalámbrico o WiFi?

disponen ustedes de internet inalambriko o Wifi?

Was kostet die Internetbenutzung?

¿Cuánto cuesta navegar por internet con Wifi?

kuanto ku-esta nawegar por internet con Wifi?

Wo habe ich einen Internetzugang?

¿Dónde puedo conectarme a internet?

donde pu-edo conektarme a internet?

Ich bekomme keine Verbindung.	No consigo línea.
	no konsigo linea
Ich kann mich nicht einloggen.	No consigo conectarme.
	no konsigo konektarme
Ich möchte mir gerne meine Mails anschauen.	Quiero consultar mi correo electrónico.
	ki-ero konsultar mi korreo elektroniko
Ich möchte einige Seiten drucken.	Quiero imprimir algunas páginas.
	ki-ero imprimir algunas pachinas
Ich möchte einen Scanner benutzen.	Quiero utilizar un escáner.
	ki-ero utilithar un eskaner
Kann ich hier etwas ausdrucken?	¿Se puede imprimir aquí?
	se pu-ede imprimir aki?

POST

Wo ist der nächste Briefkasten?	¿Dónde hay un buzón de correos?
	donde ai un buthon de korreos?
Wo bekomme ich Briefmarken?	¿Dónde puedo comprar sellos?
	donde pu-edo komprar sejos?

NOTIZEN

NOTIZEN

NOTIZEN

100% SPANISCH

ÜBERNACHTEN

RESERVIEREN

Ich habe ein Zimmer reserviert.	Tengo reservada una habitación.
	tengo reserwada una abitathion
Haben Sie noch Zimmer frei?	¿Quedan habitaciones libres?
	kedan abitathiones libres?
Ich möchte ein Zimmer buchen.	Quiero reservar una habitación.
	ki-ero reserwar una abitathion
Für eine Nacht.	Para una noche.
	para una notsche
Für zwei Nächte.	Para dos noches.
	para dos notsches
Für eine Woche.	Para una semana.
	para una semana
Was kostet ein Doppelzimmer?	¿Cuánto cuesta una habitación doble?
	kuanto ku-esta una abitathion doble?
Was kostet ein Einzelzimmer?	¿Cuánto cuesta una habitación individual?
	kuanto ku-esta una abitathion indiwidual?

Ist eine Vorauszahlung für die Übernachtung(en) erforderlich?	¿Tengo que pagar alguna noche por adelantado? *tengo ke pagar alguna not-sche por adelantado?*
Kann ich mit der Kreditkarte bezahlen?	¿Puedo pagar con tarjeta de crédito? *pu-edo pagar kon tarcheta de kredito*
Ist das Frühstück inklusive?	¿Está incluido el desayuno? *estaa inkluido el desajuno?*
Wann kann ich frühstücken?	¿A qué hora puedo desayunar? *a ke ora pu-edo desajunar?*

EIN- & AUSCHECKEN

Ich möchte abreisen und bezahlen.	Quisiera salir y pagar. *kisi-era salir i pagar*
Kann ich mein Gepäck noch kurz hier abstellen?	¿Podría dejar el equipaje aquí un rato? *podria dechar el ekipache aki un rato?*
Wo kann ich mein Gepäck lassen?	¿Dónde puedo dejar mi equipaje? *donde pu-edo dechar mi ekipache?*

IM HOTEL

Haben Sie einen Stadtplan?	¿Tiene un plano de la ciudad?
	ti-ene un plano de la thiudad?
Haben Sie einen Stadtplan mit dem Namen des Hotels?	¿Tiene un plano con el nombre del hotel?
	ti-ene un plano kon el nombre del otel?
Gibt es einen Safe?	¿Tengo caja de seguridad?
	tengo kacha de seguridad?
Ich habe den Code des Schließfachs vergessen.	He olvidado el código de la caja de seguridad.
	e olwidado el kodigo de la kacha de seguridad
Haben Sie ein Handtuch für mich?	¿Me da una toalla, por favor?
	me da una toaja, por fawor
Können Sie die Getränke auf meine Rechnung schreiben?	¿Puede cargar las bebidas a mi cuenta?
	pu-ede kargar las bebidas a mi ku-enta?
Welche Aktivitäten werden hier angeboten?	¿Qué actividades se organizan aquí?
	ke aktiwidades se organithan aki?

Haben Sie einen Wasser-kocher?	¿Tiene una jarra-calentador de agua?
	ti-ene una charra-kalentado-ra de agua?
Verleihen Sie DVDs?	¿Alquiláis DVDs?
	alkilais D-UWE-D's
Wo kann ich Wäsche waschen?	¿Dónde puedo lavar la ropa?
	donde pu-edo lawar la ropa?
Darf ich die Küche benutzen?	¿Puedo usar la cocina?
	pu-edo usar la kothina?
Kann ich meine Tasche hier abstellen?	¿Puedo dejar aquí mi bolso?
	pu-edo dechar aki mi bolso?
Wie lautet das Passwort für das WLAN?	¿Cuál es la contraseña para usar el WiFi?
	kual es la kontrasenia para usar el Wifi?

BESCHWERDEN

Ich möchte gerne ein anderes Zimmer.	Quiero otra habitación.
	ki-ero otra abitathion
Das Zimmer ist nicht gemacht worden.	No han limpiado la habi-tación.
	no an limpiado la abitathion

Die Klimaanlage funktioniert nicht.	El aire acondicionado no funciona.
	el aire akondithionado no funthiona
Die Heizung funktioniert nicht.	La calefacción no funciona.
	la kalefakthion no funthiona
Die Handtücher fehlen.	No hay toallas.
	no ai toajas
Die Dusche ist schmutzig.	La ducha está sucia.
	la dutscha esta suthia
Das WC-Papier ist alle.	No queda papel higiénico.
	no keda papel ichi-eniko
Mein Bett ist nicht sauber.	Mi cama no está limpia.
	mi kama no estaa limpia
Die Laken sind schmutzig.	Las sábanas están sucias.
	las sabanas estan suthias
Ich möchte mein Geld zurück.	Quiero que me devuelvan mi dinero.
	kiero ke me dewuelwan mi dinero

NOTIZEN

NOTIZEN

100% SPANISCH

SIGHTSEEING

INFORMATION

Gibt es hier einen Park, in dem man picknicken kann?	¿Hay algún parque en el que se pueda hacer picknick? *ai algun parke en el ke se pueda ather picknick?*
Wo hat man die beste Aussicht über die Stadt?	¿Dónde se pueden ver las mejores vistas de la ciudad? *donde se pu-eden ver las mechores wistas de la thiudad?*
Können Sie mir den Weg nach/zu … zeigen?	¿Podría indicarme cómo se va a …? *podria indikarme komo se wa a ….?*
Was kann man hier machen, was nichts kostet?	¿Qué se puede hacer aquí gratis? *ke se pu-ede ather aki gratis?*
Wo gehen Sie hin, wenn Sie frei haben?	¿Dónde sueles ir cuando tienes el día libre? *donde su-eles ir kuando ti-enes el dia libre?*

FÜHRUNGEN

Wann beginnt die nächste Führung?

¿Cuándo empieza la siguiente visita?

kuando empietha la sigiente wisita?

Wo treffen wir uns?

¿Dónde nos encontramos?

donde nos enkontramos?

NOTIZEN

100% SPANISCH

SHOPPEN

IM GESCHÄFT

Darf ich mich mal umsehen?	¿Puedo mirar un poco?
	pu-edo mirar un poko?
Ich schau mich nur um.	Sólo estoy mirando.
	solo estoi mirando
Gibt es Sonderangebote?	¿Hay rebajas?
	ai rebachas?
Das ist cool!	¡Genial!
	chenial!

ANPROBIEREN, KAUFEN, UMTAUSCHEN

Darf ich das anprobieren?	¿Puedo probármelo?
	pu-edo probarmelo?
Wo sind die Umkleidekabinen?	¿Dónde está el probador?
	donde estaa el probador?
Wo gibt es einen Spiegel?	¿Dónde hay un espejo?
	donde ai un especho?
Das passt mir nicht.	No me va bien.
	no me wa bien
Haben Sie das eine Nummer größer?	¿Tiene un número más grande?
	ti-ene un numero mas grande?
Haben Sie das eine Nummer kleiner?	¿Tiene un número más pequeño?
	ti-ene un numero mas pequenio?

Das steht dir sehr gut.	Eso te queda genial.
	eso te keda chenial
Ich bin verrückt nach Schuhen.	Soy adicta a comprar zapatos.
	soi adikta a komprar thapatos
Kann ich das umtauschen?	¿Puedo cambiarlo?
	pu-edo kambiarlo?
Kann ich das Geld zurückbekommen?	¿Me puede devolver el dinero?
	me pu-ede dewolwer el dinero?
Können Sie es einpacken?	¿Me hace el favor de envolverlo?
	me hathe el fawor de enwolwerlo?

UNTERWEGS

Haben Sie Reiseführer?	¿Tenéis guías de viaje?
	teneis gias de wiache?
Wo kann ich eine neue Kamera kaufen?	¿Dónde puedo comprar una cámara nueva?
	donde pu-edo komprar una kamara nu-ewa?
Wo kann ich Batterien kaufen?	¿Dónde puedo comprar pilas?
	donde pu-edo komprar pilas?

NOTIZEN

100% SPANISCH

ESSEN & TRINKEN

IM RESTAURANT

Guten Appetit!	¡Que aproveche!
	ke aprowetsche!
Prost! / Zum Wohl!	¡Salud!
	salud!
Bedienung!	¡Camarero!
	kamarero!

RESERVIEREN

Haben Sie einen Tisch frei?	¿Tiene una mesa libre?
	ti-ene una mesa libre?
Einen Tisch für zwei Personen, bitte.	Una mesa para dos por favor.
	una mesa para dos por fawor
Können Sie einen Tisch für uns reservieren?	¿Puede reservarnos una mesa?
	pu-ede reserwarnos una mesa?
Ich habe einen Tisch für zwei Personen reserviert.	Tengo reservada una mesa para dos.
	tengo reserwada una mesa para dos

BESTELLEN

Die Speisekarte, bitte.	La carta, por favor.
	la karta, por fawor
Die Weinkarte, bitte.	La carta de vinos, por favor.
	la karta de winos, por fawor
Was ist das Tagesmenü?	¿Cuál es el menú del día?
	kual es el menu del dia?
Können Sie etwas empfehlen?	¿Podría recomendare algo?
	podria rekomendar algo?
Wir möchten bestellen.	Nos gustaría pedir.
	nos gustaria pedir
Ich bin Vegetarierin.	Soy vegetariana.
	soi wechetariana
Was sind die regionalen Spezialitäten?	¿Cuáles son los platos típicos de la región?
	cuales son los platos tipikos de la rechion?
Ich würde gerne ein Gericht aus der Gegend probieren.	Quisiera probar un plato típico de la región.
	kisiera probar un plato tipiko de la rechion
Bringen Sie uns bitte ein wenig Brot?	¿Por favor, nos trae pan?
	por favor, nos tra-e pan?

Bringen Sie uns bitte eine Flasche Wasser?	¿Nos trae una botella de agua por favor? *nos tra-e una botella de agua por fawor?*
Hätten Sie noch etwas Salz und Pfeffer?	¿Nos trae un poco de sal y pimienta, por favor? *nos tra-e un poko de sal i pimienta, por fawor?*
Hätten Sie noch etwas Öl und Essig?	¿Nos trae aceite y vinagre, por favor? *nos tra-e atheite i winagre, por fawor?*
Könnte ich eine Serviette bekommen?	¿Me puede traer una servilleta? *me pu-ede tra-er una servijeta?*
Welche Liköre haben Sie?	¿Qué licores tiene? *ke likores ti-ene?*
Welche Sorte Bier haben Sie vom Fass?	¿Qué cervezas de caña tiene? *ke therwethas de cania ti-ene?*
Welcher Cocktail schmeckt am besten?	¿Cuál es el mejor cóctail? *kual es el mejor kocktel?*
Darf ich bitte einen Strohhalm bekommen?	¿Me da una pajita, por favor? *me da una pachita, por fawor?*

Könnte ich bitte Eis bekommen?	¿Me pone hielo, por favor?
	me pone ielo, por fawor
Darf ich bitte eine Scheibe Zitrone bekommen?	¿Me pone una rajita de limón?
	me pone una rachita de limon?
Haben Sie eine Limone?	¿Tiene limón?
	ti-ene limon?
Haben Sie Schokoladen- torte?	¿Tiene tarta de choco- late?
	ti-ene tarta de tschokolate?
Haben Sie einen Pfeffer- minzbonbon?	¿Tiene un caramelo de menta?
	ti-ene un karamelo de menta?

LOBEN

Es ist wunderbar.	Está muy rico.
	esta mui riko
Kompliment an den Koch!	¡Felicitaciones al coci- nero!
	felithitathiones al kothi- nero!

BEANSTANDEN

Es schmeckt mir nicht.	No me gusta.
	no me gusta

Dauert es noch lange?	¿Tarda mucho todavía?
	tarda mutscho todawia?
Das Essen ist noch nicht durch.	No está hecho.
	no esta etscho

RECHNUNG

Die Rechnung, bitte.	La cuenta, por favor.
	la ku-enta, por fawor
Ich möchte gerne bezahlen.	Quisiera pagar.
	kithi-era pagar
Der Rest ist für Sie.	Quédese con la propina.
	kedese kon la propina

LA CARTA   SPEISEKARTE

ALLGEMEIN

plato principal/fuerto/ segundo	Hauptgericht
raciones	Portion
pan	Brot
ensalada	Salat
queso	Käse
sopa/caldo	Suppe/Brühe
potaje/cazuela/cocido	Eintopf
a la plancha	gebraten
frito	gebacken
asado	gebraten

a la parilla/brasa	gegrillt
al horno	im Ofen gebacken
cocido	gekocht
al ajillo	mit Knoblauch
en salsa	mit Soße
en adobo	mariniert
sal y pimienta	Salz und Pfeffer

BEBIDAS GETRÄNKE

agua mineral con/sin gas	Mineralwasser mit/ohne Kohlensäure
café americano	schwarzer Kaffee
café solo	Espresso
café cortado	Espresso mit etwas Milch
café con leche	Espresso mit Milch
cerveza	Bier
refresco	Limonade
vino blanco/rosado/tinto	Weißwein/Roséwein/ Rotwein
tinto de verano	Rotwein mit Zitronen- limonade

ENTRADAS VORSPEISEN

ensalada	Salat
gazpacho	kalte Tomatensuppe
revuelto	Rührei, oft mit Gemüse
sopa del día	Tagessuppe

PESCADO & MARISCOS
FISCH & MEERESFRÜCHTE

almejas	Venusmuscheln
atún/bonito	Thunfisch
bacalao	Kabeljau, Stockfisch
calamares	Tintenfisch
caldo de mariscos	Meeresfrüchtesuppe
camarones	Krabbe, kleine Garnele
cangrejo	Krabbe
cazón	Hai
chipirones	kleiner Tintenfisch
dorada	Goldbrasse
gambas	Große Garnele
langosta	Hummer, Languste
langostina	Languste
mejillones	Blaue Muscheln
merluza	Seehecht
ostras	Austern
pulpo	Oktopus
róbalo	Zander
sardinas	Sardinen

CARNE & POLLO
FLEISCH & GEFLÜGEL

albóndigas	Fleischbällchen
cana de lomo	Luftgetrockneter Kotelettstrang
cerdo	Schweinefleisch
chorizo	Paprikawurst
chuleta	Kotelett
codorniz	Wachtel
cordero	Lamm
conejo	Kaninchen
hígado	Leber
huevo	Ei
jabalí	Wildschwein
jámon serrano	Serranoschinken
lomo	Lende
pato	Ente
pavo	Truthahn
perdiz	Rebhuhn
pollo	Hähnchen, junges Huhn
riñones	Nieren
salchichón	Salami
ternera	Kalbfleisch
tortilla	Kartoffelomelett

VERDURAS & FRUTAS
GEMÜSE & OBST

aguacate	Avocado
ajo	Knoblauch
alcachofa	Artischocke
arroz	Reis
berenjena	Aubergine
cebolla	Zwiebel
espárragos	Spargel
espinacas	Spinat
fresas	Erdbeeren
frijoles	Bohnen
garbanzos	Kichererbsen
habichuelas	grüne Bohnen
lechuga	Salat
lentejas	Linsen
manzana	Apfel
melocotón	Pfirisch
naranja	Orange
patatas	Kartoffel
pera	Birne
pimiento	Paprika
piña	Ananas
plátano	Banane
sandía	Wassermelone
uva	Weintraube

TAPAS   TAPAS

aceitunas	Oliven
ensalada rusa	Russischer Salat
croquetas	Krokette
gambas pil pil	Gambas mit Knoblauch und Chili
jamón	Schinken
manchego	Schafskäse
patatas bravas	knusprige Kartoffeln mit scharfem Dip
pinchos	Spießchen mit Fleisch oder Fisch
pulpo	Oktopus
calamares	Tintenfischringe

POSTRES   NACHSPEISEN

arroz con leche	Milchreis
flan	Pudding
helado	Eis
miel	Honig
pastel	Torte

NOTIZEN

100% SPANISCH

FUN & FLIRT

FLIRTEN

Hallo, darf ich mich setzen?	Hola, ¿puedo sentarme aquí?
	ola, pu-edo sentarme aki?
Ich möchte mit dir tanzen.	Quiero bailar contigo.
	ki-ero bailar kontigo
Wie heißt du?	¿Cómo te llamas?
	komo te jamas?
Wo kommst du her?	¿De dónde eres?
	de donde eres?
Wie alt bist du?	¿Cuántos años tienes?
	cuantos anios ti-enes
Hast du einen festen Freund?	¿Tienes novio?
	ti-enes nowio?
Hast du eine feste Freundin?	¿Tienes novia?
	ti-enes nowia?
Bist du verheiratet (m)?	¿Estás casado?
	estas kasado?
Bist du verheiratet (f)?	¿Estás casada?
	estas kasada?
Ich bin single.	Estoy soltero/a.
	estoi soltero/a
Ich bin verliebt!	¡Estoy enamorado/a!
	estoi enamorado/a
Du machst mir was vor.	Me estás tomando el pelo.
	me estas tomando el pelo
Ich finde dich toll.	Me gustas.
	me gustas

Du siehst echt toll aus.	Eres guapo/a.
	eres guapo/a
Ich glaube, die Chemie zwischen uns stimmt.	Creo que nos llevamos muy bien.
	kreo ke nos jevamos mui bien
Du bist die schönste Frau, die mir je begegnet ist.	Eres la mujer más guapa que he conocido en mi vida.
	eres la mucher mas guapa ke e konothido en mi wida
Du bist der schönste Mann, der mir je begegnet ist.	Eres el hombre más guapo que he conocido en mi vida.
	eres el ombre mas guapo ke e konothido en mi wida
Du bist schön.	Eres muy guapo/a.
	eres mui guapo/a
Du bist sehr sympatisch.	Eres muy simpático/a.
	eres mui simpatiko/a
Ich habe mich in dich verliebt.	Me he enamorado de ti.
	me e enamorado de ti
Ich bin dein Ritter auf dem weißen Pferd.	Soy tu príncipe azul.
	soi tu printhipe athul
Du hast schöne Augen.	Tienes unos ojos muy bonitos.
	ti-enes unos ochos mui bonitos

Du hast schöne Beine.	Tienes unas piernas muy bonitas.
	ti-enes unas pi-ernas mui bonitas
Du hast ein schönes Lächeln.	Tienes una sonrisa muy bonita.
	ti-enes una sonrisa mui bonita

DATEN

Möchtest du etwas trinken?	¿Quieres beber algo?
	kieres beber algo?
Gehen wir etwas essen?	¿Vamos a comer?
	wamos a komer?
Sollen wir tanzen?	¿Bailamos?
	bailamos?
Darf ich dich nach Hause bringen?	¿Te acompaño a casa?
	te akompanio a kasa?
Ich würde dich gerne wiedersehen.	Me gustaría volver a verte.
	me gustaria wolwer a werte
Sollen wir uns treffen?	¿Quedamos?
	kedamos?
Hast du morgen schon was vor?	¿Tienes planes para mañana?
	ti-enes planes para mani-ana?

Danke für den schönen Abend.	Gracias, lo he pasado muy bien esta noche.
	grathias, lo e pasado mui bien esta notsche
Gibst du mir deine Handynummer?	¿Me das tu número de móvil?
	me das tu numero de mobil?
Gibst du mir deine Mailadresse?	¿Me das tu e-mail?
	me das tu email?
Hier ist meine Telefonnummer.	Este es mi número de teléfono.
	este es mi numero de telefono
Hier ist meine Mailadresse.	Este es mi e-mail.
	este es mi email
Bist du bei Facebook?	¿Tienes Facebook?
	tienes Facebook?
Hast du MSN?	¿Tienes messenger?
	tienes messenger?
Ich will dich nicht mehr sehen.	No quiero verte más
	no kiero werte mas

INTIMITÄT

Ich möchte dich küssen.	Me gustaría besarte.
	me gustaria besarte
Darf ich dich küssen?	¿Puedo besarte?
	pu-edo besarte?

Ich finde dich sehr attraktiv.	Me gustas mucho.
	me gustas mutscho
Willst du mit mir schlafen?	¿Quieres acostarte conmigo?
	kieres akostarte konmigo?
Nimmst du die Pille?	¿Tomas la píldora?
	tomas la pildora?
Ich möchte mit dir schlafen.	Quiero acostarme contigo.
	kiero akostarme kontigo
Hast du ein Kondom?	¿Tienes un preservativo?
	ti-enes un preserwatiwo?
Wo kann ich Kondome kaufen?	¿Dónde puedo comprar condónes?
	donde pu-edo komprar kondones?
Du bist toll im Bett.	Eres genial en la cama.
	eres chenial en la kama
Du bist eine Verführerin.	Eres una chica mala
	eres una tschika mala
Kannst du aufhören zu schnarchen?	¿Quieres dejar de roncar?
	ki-eres dechar de ronkar?

NOTIZEN

NOTIZEN

100% SPANISCH

WÖRTER

DE - SP

A

abbiegen	girar	*chirar*
Abenteuer	aventura	*awentura*
Abfahrtszeit	horarios de salida	*orarios de salida*
Abfall	basura	*basura*
abreisen/weg-gehen	irse	*irse*
an	a, en	*a, en*
Ananas	piña	*pinia*
anhalten	parar	*parar*
anmelden	apuntarse	*apuntarse*
anrufen	llamar	*jamar*
Anwalt	abogado	*abogado*
Anzeige	anuncio	*anunthio*
Apfel	manzana	*manthana*
Apfelsine	naranja	*narancha*
arbeiten	trabajar	*trabachar*
Arme	brazos	*brathos*
arrogant	arrogante	*arrogante*
Arzt	médico	*mediko*
attraktiv	atractivo	*atraktiwo*
Aubergine	berenjena	*berenchena*
auf, über	acabado	*akabado*
auf der linken Seite	a la izquierd	*a la ithkierd*
auf der rechten Seite	a la derecha	*a la deretscha*
Augen	ojos	*ochos*

Ausgang	salida	*salida*
ausgehen	salir	*salir*
ausruhen	relajarse	*relacharse*
ausschlafen	dormir	*dormir*
Ausverkauf	rebajas	*rebachas*
Auto	coche	*kotsche*

B

Badehandtuch	toalla de mano	*toaja de mano*
Banane	plátano	*platano*
Bank	banco	*banko*
Bar	bar	*bar*
Bär	oso	*oso*
Barkeeper	camarero	*kamarero*
Bauch	tripa	*tripa*
Baum	arbol	*arbol*
bedrücken	estampar	*estampar*
Beefsteak	solomillo	*solomijo*
beeilen	darse prisa	*darse prisa*
Beine	piernas	*pi-ernas*
bekommen	recibir	*rethibir*
betrunken	borracho/a	*borratscho/a*
Bett	cama	*kama*
BH	sujetador	*suchetador*
Bier	cerveza	*therwetha*
Bikini	bikini	*bikini*
billig	barato	*barato*
Birne	pera	*pera*

Blätterteig	hojaldre	*ochaldre*
blau	azul	*athul*
bleiben	quedarse	*kedarse*
Blitz	rayo	*rajo*
Blume	flor	*flor*
Boot	barco	*barko*
Börsenmakler	agente de bolsa	*achente de bolsa*
Boxershorts	calzoncillos bóxer	*kalthonthijos bokser*
Brot	pan	*pan*
Brust	pecho	*petscho*
Brüste	pechos	*petschos*
Buch	libro	*libro*
Buchhalter	contable	*kontable*
Bürste	cepillo para el pelo	*thepijo para el pelo*
Bus	bus	*bus*

C

Chips	patatas fritas	*patatas fritas*
Cocktail	cóctel	*koktel*
Computer	ordenador	*ordenador*

D

Darm	intestinos	*intestinos*
Delphin	delfín	*delfin*
Dieb	ladrón	*ladron*
Disco	discoteca	*diskoteka*

DJ	dj	*dj*
Dorf	pueblo	*pu-eblo*
Dressing	aderezo	*aderetho*
drinnen	en	*en*
drucken	imprimir	*imprimir*
dumm	tonto/a	*tonto/a*
Durchfallhemmer	medicamento	*medikamento*
	contra la diarrea	*kontra la diarrea*
Dusche	cabina de ducha	*kabina de dutscha*

E

Eingang	entrada	*entrada*
Einkaufen gehen	ir de compras	*ir de kompras*
Einkaufswagen	carrito de la	*karrito de la*
	compra	*kompra*
Einkaufszentrum	centro comercial	*thentro komer-*
		thial
einsteigen	subir	*subir*
Eintrittskarten	entradas	*entradas*
Eiswürfel	cubito de hielo	*kubito de ielo*
Empfangsdame	recepcionista	*rethepthionista*
Erdbeeren	fresas	*fresas*
erschrecken	asustarse	*asustarse*
Esel	burro	*burro*
essen	comer	*komer*
Essig	vinagre	*winagre*
Eule	lechuza	*letschutha*

F

fahren	conducir	*konduthir*
Fahrer	conductor	*konduktor*
Fahrrad	bicicleta	*bithikleta*
Fahrradunter-	aparcamiento de	*aparkami-ento de*
stand	bicicletas	*bithikletas*
Fahrradweg	carril bici	*karril bithi*
Fahrstuhl	ascensor	*athensor*
fantastisch	fantástico/a	*fantastiko/a*
Farbe	color	*kolor*
Fenster	ventanas	*wentajas*
festhalten	agarrar	*agarrar*
finden	encontrar	*enkontrar*
Finger	dedos	*dedos*
Fisch	pescado	*peskado*
fit	en forma	*en forma*
Fitness	fitness	*fitness*
Flasche	botella	*boteja*
Fleck	mancha	*mantscha*
Fleisch	carne	*karne*
Fliege	mosca	*moska*
fliegen	volar	*wolar*
flirten	flirtear	*flirtear*
Flugzeug	avión	*awion*
Föhn	secador	*sekador*
fragen	preguntar	*preguntar*
fröhlich	alegre	*alegre*
Frosch	rana	*rana*

früh	temprano	*temprano*
Fuchs	zorro	*thorro*
fühlen	sentir	*sentir*
Führer	guía	*gia*
Fußball	fútbol	*futbol*
Füße	pies	*pi-es*
G		
Gabel	tenedor	*tenedor*
Gang	pasillo	*pasilio*
Garage	garaje	*garache*
Garnele	gambas	*gambas*
Gärtner	jardinero	*chardinero*
Gaskocher	cocina de gas	*kothina de gas*
geben	dar	*dar*
gebraucht	gastado	*gastado*
gehen	andar	*andar*
gelb	amarillo	*amarijo*
gemein	ruín	*ruin*
Gemüse	verduras	*werduras*
gemütlich	divertido	*diwertido*
genießen	disfrutar	*disfrutar*
Gepäck	equipaje	*ekipache*
geradeaus	todo recto	*todo rekto*
Geräusch/Lärm	ruido	*ruido*
gerissen	rasgado	*rasgado*
Gesäß	culo	*kulo*
Geschäft/Laden	tienda	*ti-enda*

Gewitter	mal tiempo	*mal ti-empo*
Glas	vaso	*waso*
Gold	oro	*oro*
Gras	hierba	*i-erba*
grau	gris	*gris*
Grill	barbacoa	*barbakoa*
Grube	hoyo	*ojo*
grün	verde	*werde*
gucken	mirar	*mirar*
günstiger	económico	*ekonomiko*
Gurke	pepino	*pepino*

H

Haare	pelo	*pelo*
Haarspray	laca de pelo	*laka de pelo*
haben	tener	*tener*
Hacken	tacones	*takones*
Hackfleisch	carne picada	*karne pikada*
Hai	tiburón	*tiburon*
halber Liter	medio litro	*medio litro*
Hals	cuello	*kuejo*
Hände	manos	*manos*
Handschuhe	guantes	*guantes*
Handtasche	bolso de mano	*bolso de mano*
Handtuch	toalla	*toaja*
hässlich	feo/a	*feo/a*
helfen	ayudar	*ajudar*
Herd	horno	*orno*

Heringe	arenques	*arenkes*
heruntergesetzt	rebajado	*rebachado*
Herz	corazón	*korathon*
Hockey	hockey	*chokei*
Hotelzimmer	habitación de	*abitathion de*
	hotel	*otel*
hübsch	guapo/a	*guapo/a*
Hüften	caderas	*kaderas*
Huhn	pollo	*pojo*
Hühnerbein	muslo de pollo	*muslo de pojo*
Hühnerfilet	filete de pollo	*filete de pojo*
Hund	perro	*perro*

I/J

Information	información	*informathion*
Jacke	chaqueta	*tschaketa*
	chaleco	*tschaleko*
Jeans	pantalones	*pantalones*
joggen	correr	*korrer*
	hacer footing	*ather futing*
Journalist	periodista	*periodista*

K

Kakerlake	cucaracha	*kukaratscha*
Kamm	peine	*peine*
Kappe	gorra	*gorra*
kaputt	roto/a	*roto/a*
Karaffe	jarra	*charra*

Kartoffel	patata	*patata*
Käse	queso	*keso*
Katze	gato	*gato*
Kehle	garganta	*garganta*
Kekse	galletas	*gajetas*
Kerze	vela	*wela*
Kette	cadena	*kadena*
Kinn	barbilla	*barbija*
Kino	cine	*thine*
Kissen	almohada	*almoada*
Kleid	vestidito	*westidito*
klettern	escalar	*eskalar*
Kneipe	bar	*bar*
Knoblauch	ajo	*acho*
Knöchel	sencillo	*senthijo*
Koch	cocinero/a	*kothinero/a*
kochen	cocinar	*kothinar*
Koffer	maleta	*maleta*
können	poder	*poder*
Kopf	cabeza	*kabetha*
Körpercreme	loción corporal	*lothion korporal*
Küche	cocina	*kothina*
Kuh	vaca	*waka*
Künstler	artista	*artista*
kurze Hose	pantalón corto	*pantalon korto*
Kurzer	trago	*trago*
küssen	besar	*besar*

L

lachen	reír	*reir*
Lachs	salmón	*salmon*
Laken	sábanas	*sabanas*
Lammfleisch	carne de cordero	*karne de kordero*
Lampe	lámpara	*lampara*
langsam fahren	conducir despacio	*konduthir despathio*
langweilig	soso/a	*soso/a*
Leber	hígado	*igado*
lecker	rico	*riko*
Lehrer(in)	profesor/a	*profesor/a*
lesen	leer	*leer*
Lidschatten	sombra de ojos	*sombra de ochos*
Lidstrich	lápiz de ojos	*lapith de ochos*
lieb	majo/a	*macho/a*
Liebe	amor	*amor*
liegen	tumbarse	*tumbarse*
Likör	licor	*likor*
lila	violeta	*wioleta*
links	izquierda	*ithkierda*
Lippen	labios	*labios*
Liter	litro	*litro*
Löffel	cuchara	*kutschara*
Luft	aire	*aire*
Luftmatratze	cama de aire	*kama de aire*
Lungen	pulmones	*pulmones*

M

Magen	estómago	*estomago*
Make-up	fundación	*fundathion*
Makler	gestor inmobiliario	*chestor inmobiliario*
Manager	gerente	*cherente*
Mandarine	mandarina	*mandarina*
Mango	mango	*mango*
Markt	mercado	*merkado*
Matratze	colchón	*koltschon*
Matte	colchoneta	*koltschoneta*
Maus	ratón	*raton*
mehr	más	*mas*
Meerschweinchen	cobaya	*kobaja*
Meer	mar	*mar*
Messer	cuchillo	*kutschijo*
mit	con	*kon*
Modegeschäft	tienda de ropa	*ti-enda de ropa*
Möhre	zanahoria	*thanaoria*
Mond	luna	*luna*
Motorrad	moto	*moto*
Motorroller	moto	*moto*
Möwe	gaviota	*gawiota*
Mücke	mosquito	*moskito*
Mückenspray	spray antimosquitos	*esprai antimoskitos*
müde	cansado/a	*kansado/a*

Musik	música	*musika*
Musikant	músico	*musiko*
Mütze	gorro	*gorro*

N

Nagelfeile	lima de uñas	*lima de unias*
Nase	nariz	*narith*
neben	junto a	*chunto a*
nett	simpático	*simpatiko*
neu	nuevo	*nu-ewo*
Nieren	riñones	*riniones*

O

oben	arriba	*arriba*
Ober	camarero	*kamarero*
Oberschenkel	muslo	*muslo*
Obst	fruta	*fruta*
ohne	sin	*sin*
Ohren	orejas	*orechas*
Ohrringe	pendientes	*pendi-entes*
Öl	aceite	*atheite*
orange	naranja	*narancha*

P

Papagei	papagayo	*papagajo*
Paracetamol	paracetamol	*paratsetamol*
parken verboten	prohibido aparcar	*proibido aparkar*
Parkhaus	párking	*parking*

Passionsfrucht	fruta de la pasión	*fruta de la pasion*
Pasta	pasta	*pasta*
Penis	pene	*pene*
Pfanne	sartén	*sarten*
Pfeffer	pimienta	*pimi-enta*
Pferd	caballo	*kabajo*
Pfirsich	melocotón	*melokoton*
Pflanze	planta	*planta*
Pflaster	escayola	*eskajola*
Pflaume	ciruela	*thiru-ela*
Piercing	piercing	*piercing*
Pilot	piloto	*piloto*
Pinzette	pinzas	*pinthas*
Plattenspieler	giradiscos	*chiradiskos*
Postbote	cartero	*kartero*
Psychologe	psicólogo/a	*sikologo/a*
Pullover	jersey	*chersei*

Q

Qualle	medusa	*medusa*

R

Rabatt	descuento	*desku-ento*
rasieren	afeitarse	*afeitarse*
Rasiermesser	cuchilla de afeitar	*kutschija de afeitar*

Rasierschaum	espuma de afeitar	*espuma de afeitar*
Ratte	rata	*rata*
rauchen	fumar	*fumar*
rauchen verboten	prohibido fumar	*proibido fumar*
Raucherraum	espacio para fumadores	*espathio para fumadores*
rechts	derecha	*deretscha*
Regen	lluvia	*juwia*
Regenjacke	chubasquero	*tschubaskero*
Regenschirm	paraguas	*paraguas*
Reinigungskraft	limpiadora	*limpiadora*
Reis	arroz	*arroth*
reisen	viajar	*wiachar*
Reißverschluss	cremallera	*kremajera*
rennen	correr	*korrer*
Rentier	reno	*reno*
Rindfleisch	carne vacuna	*karne wakuna*
Ring	anillo	*anijo*
Rock	falda	*alda*
Rolltreppe	escalera mecánica	*eskalera mekanika*
rosa	rosa	*rosa*
Rosinen	pasas	*pasas*
rot	rojo/a	*rocho/a*
Rucksack	mochila	*motschila*

S

Salat	ensalada	*ensalada*
Salz	sal	*sal*
Schaf	oveja	*owecha*
Schal	chal	*tschal*
Scheibe Limone	rodaja de limón	*rodacha de limon*
Scheibe Zitrone	rodaja de limón	*rodacha de limon*
Schere	tijeras	*ticheras*
Schiffer	patrón de barco	*patron de barko*
schlafen	dormir	*dormir*
Schlafsack	saco de dormir	*sako de dormir*
schmutzig	sucio/a	*suthio/a*
Schnecke	caracol	*karakol*
Schnee	nieve	*ni-ewe*
Schokolade	chocolate	*tschokolate*
schön	bonito/a	*bonito/a*
schreiben	escribir	*eskribir*
schreien	gritar	*gritar*
Schultern	hombros	*ombros*
Schürsenkel	cordón (de zapato)	*kordon (de thapato)*
Schwein	cerdos	*therdos*
Schweinefleisch	carne de cerdo	*karne de therdo*
Seife	jabón	*chabon*
sein	ser, estar	*ser*
servieren	servir	*serwir*
Serviette	servilleta	*serwijeta*
Sex haben	hacer el amor	*ather el amor*

Shampoo	champú	*tschampu*
sich trauen	atreverse (a)	*atrewerse (a)*
Silber	plata	*plata*
Slipper	chanclas	*tschanklas*
Socken	calcetines	*kalthetines*
Sonne	sol	*sol*
sonnen	tomar el sol	*tomar el sol*
Sonnenbrille	gafas de sol	*gafas de sol*
Sonnenöl	bronceador	*brontheador*
Sonnenschirm	parasol	*parasol*
Soße	salsa	*salsa*
spät	tarde	*tarde*
spazieren	pasear	*pasear*
Spiel	jueguecito	*chu-egethito*
sprechen	hablar	*ablar*
Stadt	ciudad	*thiudad*
stehen	estar	*estar*
stehlen	robar	*robar*
Sterne	estrellas	*estrejas*
Stewardess	azafata	*athafata*
Stiefel	botas	*botas*
Stirn	frente	*frente*
Strand	playa	*plaja*
Strandliege	tumbona de playa	*tumbona de plaja*
Strandlokal	tienda de playa	*ti-enda de plaja*
Straßenbahn	tranvía	*tranwia*
Strauch	arbusto	*arbusto*
Strohhalm	pajita	*pachita*

Stuhl	silla	*sija*
Supermarkt	supermercado	*supermerkado*
Surfbrett	tabla de surf	*tabla de surf*
surfen	surfear	*surfear*

T

T-Shirt	camiseta	*kamiseta*
tanzen	bailar	*bailar*
Tanzfläche	pista de baile	*pista de baile*
Tasche	bolsa	*bolsa*
Tau	cuerda	*ku-erda*
Taxi	taxi	*taksi*
Teller	plato	*plato*
Tennis	tenis	*tenis*
Teppich	moqueta	*moketa*
Terrasse	terraza	*terratha*
teuer	caro/a	*karo/a*
Theater	teatro	*teatro*
Thunfisch	atún	*atun*
Tisch	mesa	*mesa*
Toilette/WC	servicios	*serwithios*
toll	maravilloso/guay	*marawijoso/guai*
Tomate	tomate	*tomate*
Torte	tarta	*tarta*
Treppe	escalera	*eskalera*
trinken	beber	*beber*
Tür	puerta	*pu-erta*
Turnschuhe	zapatillas	*thapatijas*

U

U-Bahn	metro	*metro*
umkehren	dar la vuelta	*dar la wu-elta*
Unglück	desastre	*desastre*
unhöflich	desagradable	*desagradable*
Uniform	uniforme	*uniforme*
unter	debajo	*debacho*
Unterhemd	camisa	*kamisa*
Unternehmer	contratista	*kontratista*
Unterwäsche	ropa interior	*ropa interior*
Urlaub	vacaciones	*wakathiones*

V

Vagina	vagina	*wachina*
Vanille	vainilla	*wainlja*
vergessen	olvidar	*olwidar*
Verkäufer(in)	vendedor/a	*wendedor/a*
verloren	perdido/a	*perdido/a*
viel	mucho/a	*mutscho/a*
Vogel	pájaro	*pacharo*
Volleyball	vóleybol	*woleibol*
Vorsicht, Taschen-	cuidado con los	*kuidado kon los*
diebe!	carteristas	*karteristas*
Vorteil	descuento	*desku-ento*

W

wach	despertador	*despertador*
Wangen	mejillas	*mechijas*

warten	esperar	*esperar*
Wäscheleine	tendedero	*tendedero*
Wasser	agua	*agua*
Wattepads	toallitas de algodón	*toajitas de algodón*
Wattestäbchen	bastoncillos de algodón	*bastoncijos de algodon*
WC-Papier	papel higiénico	*papel ichi-eniko*
Wein	vino	*wino*
Weintrauben	uvas	*uwas*
weiß	blanco/a	*blanko/a*
Wellen	olas	*olas*
wenig	poco/a	*poko/a*
weniger	menos	*menos*
Wimperntusche	rímel	*rimel*
Wind	viento	*wi-ento*
Wolken	nubes	*nubes*
Wurm	gusano	*gusano*
Wurst	salchicha	*saltschitscha*

Z

Zahnarzt	dentista	*dentista*
Zahnbürste	cepillo de dientes	*thepijo de dieentes*
Zahnpasta	pasta de dientes	*pasta de di-entes*
Zahnstocher	palillo	*palijo*
Zehen	dedos de los pies	*dedos de los pi-es*

Zeitschrift	revista	*rewista*
Zeitung	periódico	*periodiko*
Zelt	tienda	*ti-enda*
Zeltpolster	palo de tienda de	*palo de ti-enda*
	campaña	*de campania*
Zigarette	cigarro	*thigarro*
Zimmer	habitación	*abitathion*
Zimmermann	carpintero	*karpintero*
Zimt	canela	*kanela*
zu viel	demasiado/a	*demasiado/a*
Zucchini	calabacín	*kalabathin*
Zucker	azúcar	*athukar*
Zug	tren	*tren*
Zugang verboten	prohibida la	*proibida la*
	entrada	*cntrada*
zuhören	escuchar	*eskutschar*
Zwiebel	cebolla	*theboja*

NOTIZEN

100% SPANISCH

WÖRTER

SP - DE

A

a la derecha auf der rechten Seite

a la izquierda auf der linken Seite

a, en an

abogado Rechtsanwalt

acabado auf

aceite Öl

aderezo Dressing

afeitarse rasieren

agarrar festhalten

agente de bolsa Makler

agua Wasser

aire Luft

ajo Knoblauch

alegre fröhlich

almohada Kissen

amarillo gelb

amor Liebe

andar gehen

anillo Ring

anuncio Anzeige

aparcamiento de biciletas Fahrradabstellplatz

apuntarse anmelden

arbol Baum

arbusto Strauch

arenques Heringe

arriba oben

arrogante arrogant

arroz Reis

artista Künstler

ascensor Aufzug

asustarse erschrecken

atractivo attraktiv

atreverse a wagen

atún Thunfisch

aventura Abenteuer

avión Flugzeug

ayudar helfen

azafata Stewardess

azúcar Zucker

azul blau

B

bailar tanzen

banco Bank

bar Kneipe

barato billig

barbacoa Grill

barbilla Kinn

barco Boot

bastoncillos de algodón Wattestäbchen

basura Müll

basurero Müllmann
beber trinken
berenjena Aubergine
besar küssen
bicicleta Fahrrad
bikini Bikini
blanco/a weiß
bolsa Tasche
bolso de mano Handtasche
bonito/a schön
borracho/a betrunken
botas Stiefel
botella Flasche
brazos Arme
bronceador Sonnenöl
burro Esel
bus Bus

C

caballo Pferd
cabeza Kopf
cabina de ducha Dusche
cadena Kette
caderas Hüften
calabacín Zucchini
calcetines Socke

cama Bett
cama de aire Luftbett
camarero Barkeeper
camarero Ober
camisa Hemd
camiseta T-Shirt
canela Zimt
cansado/a müde
caracol Schnecke
carne Fleisch
carne de cerdo Schweinefleisch
carne de cordero Lammfleisch
carne picada Hackfleisch
carne vacuna Rindfleisch
caro/a teuer
carpintero Zimmermann
carril bici Fahrradweg
carrito de la compra Einkaufswagen
cartero Postbote
cebolla Zwiebel
centro comercial Einkaufszentrum
cepillo de dientes

Zahnbürste
cepillo para el pelo Haarbürste
cerdos Schwein
cerveza Bier
chal Schal
chaleco Weste
champú Shampoo
chanclas Slipper
chaqueta Jacke
chocolate Schokolade
chubasquero Regenjacke
cigarro Zigarette
cine Kino
ciruela Pflaume
ciudad Stadt
coche Auto
cocina Küche
cocina de gas Gaskocher
cocinar kochen
cocinero/a Koch/Köchin
cóctel Cocktail
colchón Matratze
colchoneta Matte
color Farbe
comer essen
con mit

conducir fahren
conducir despacio langsam fahren
conductor Fahrer
contable Buchhalter
contratista Unternehmer
corazón Herz
cordón (de zapato) Schnürsenkel
correr joggen, rennen
crema de cara Gesichtscreme
crema de manos Handcreme
cremallera Reißverschluss
cubito de hielo Eiswürfel
cucaracha Kakerlake
cuchara Löffel
cuchilla de afeitar Rasiermesser
cuchillo Messer
cuello Hals
cuerda Tau
cuidado con los carteristas Vorsicht, Taschendiebe

culo Gesäß

D

dar geben
dar la vuelta umkehren
darse prisa beeilen
debajo unter
dedos Finger
dedos de los pies Zehen
delfín Delphin
demasiado/a zu viel
dentista Zahnarzt
derecha rechts
desagradable unange-
nehm
desastre Unglück
descuento Rabatt
despertador Wecker
discoteca Disco
disfrutar genießen
divertido lustig
dj DJ
dormir schlafen

E

económico günstig
en in
en forma fit

encontrar finden
ensalada Salat
entradas Eintrittskarten
entrar eingeben, an-
melden
equipaje Gepäck
escalar klettern
escalera Treppe
escalera mecánica
Rolltreppe
escayola Pflaster
escribir schreiben
escuchar anhören
**espacio para fumado-
res** Raucherraum
esperar warten
espuma de afeitar
Rasierschaum
estampar drucken,
prägen
estar stehen, sein
estómago Magen
estrellas Sterne

F

fantástico/a fantastisch
falda Rock
feo/a hässlich

filete de pollo Hänchen-
filet
fitness Fitness
flirtear flirten
flor Blume
frente Stirn
fresas Erdbeeren
fruta Obst
fruta de la pasión
Passionsfrucht
fumar rauchen
fundación Make-up
fútbol Fußball

G

gafas de sol Sonnenbrille
galletas Kekse
gambas Garnelen
garaje Garage
garganta Hals, Kehle
gastado gebraucht
gato Katze
gaviota Möwe
gerente Manager
gestor inmobiliario
Makler
giradiscos Plattenspieler
girar drehen
gorra Kappe

gorro Mütze
gris grau
gritar schreien
guantes Handschuhe
guapo/a schön
guay cool
guía Reiseführer
gusano Wurm

H

habitación Zimmer
habitación de hotel
Hotelzimmer
hablar reden
hacer el amor Sex haben
hacer footing joggen
hierba Gras
hígado Leber
hockey Hockey
hojaldre Blätterteig
hombros Schultern
horarios de salida Ab-
fahrtszeiten
horno Herd
hoyo Loch

I

imprimir ausdrucken
información Information

intestinos Darm
ir de compras einkaufen gehen
irse abfahren
izquierda links

J

jabón Seife
jardinero Gärtner
jarra Karaffe
jersey Pullover
jueguecito Spiel
junto a neben

L

labios Lippen
laca de pelo Haarspray
ladrón Dieb
lámpara Lampe
lápiz de ojos Lidstrich
lechuza Eule
leer lesen
libro Buch
licor Likör
lima de uñas Nagelfeile
limpiadora Reinigungskraft
litro Liter

llamar anrufen, heißen
lluvia Regen
loción corporal Körpercreme
luna Mond

M

majo/a lieb
mal tiempo Schlechtwetter
maleta Koffer
mancha Fleck
mandarina Mandarine
mango Mango
manos Hände
manzana Apfel
mar Meer
maravilloso fantastisch
más mehr
medicamento contra la diarrea Durchfallhemmer
médico Arzt
medio litro halber Liter
medusa Qualle
mejillas Wangen
melocotón Pfirsich
menos weniger

mercado Markt
mesa Tisch
metro U-Bahn
mirar gucken
mochila Rucksack
moqueta Teppich
mosca Fliege
mosquito Mücke
moto Motorroller
mucho/a viel
música Musik
músico Musiker
muslo Oberschenkel
muslo de pollo Hänchenschenkel

N

naranja Apfelsine
nariz Nase
negro/a schwarz
nieve Schnee
nubes Wolken
nuevo neu

O

ojos Augen
olas Wellen
olvidar vergessen

ordenador Computer
orejas Ohren
oro Gold
oso Bär
oveja Schaf

P

pájaro Vogel
pajita Strohhalm
palillo Zahnstocher
palo de tienda de campaña Zeltpfosten
pan Brot
pantalón corto kurze Hose, Shorts
pantalones Jeans
papagayo Papagei
papel higiénico WC-Papier
paracetamol Paracetamol
paraguas Regenschirm
parar anhalten
parasol Sonnenschirm
párking Parkhaus
pasas Rosinen
pasear wandern
pasillo Gang

pasta Pasta
pasta de dientes Zahnpasta
patata Kartoffel
patatas fritas Chips
patrón de barco Schiffer
pecho Brust
pechos Brüste
peine Kamm
pelo Haar
pendientes Ohrringe
pene Penis
pepino Gurke
pera Birne
perdido/a verloren
periódico Zeitung
periodista Journalist
perro Hund
pescado Fisch
pescar angeln
piercing Piercing
piernas Beine
pies Füße
piloto Pilot
pimienta Pfeffer
piña Ananas
pinzas Pinzette
pista de baile Tanzfläche

planta Pflanze
plata Silber
plátano Banane
plato Teller
playa Strand
poco/a wenig
poder können
pollo Huhn
preguntar fragen
profesor/a Lehrer(in)
prohibida la entrada Zutritt verboten
prohibido aparcar parken verboten
prohibido fumar rauchen verboten
psicólogo Psychologe
pueblo Dorf
puerta Tür
pulmones Lunge

Q

quedarse bleiben
queso Käse

R

rana Frosch
rasgado zerrissen

rata Ratte
ratón Maus
rayo Blitz
rebajado vergünstigt
rebajas Ausverkauf
recepcionista Empfangsdame
recibir bekommen
reír lachen
relajarse ausruhen
reno Rentier
revista Zeitschrift
rico herrlich, lecker
rímel Wimperntusche
riñones Nieren
robar stehlen
rodaja de limón Scheibe Zitrone
rodaja de limón Scheibe Limone
rojo/a rot
ropa interior Unterwäsche
rosa rosa
roto/a kaputt
ruido Lärm
ruín gemein

S

sábanas Laken
saco de dormir Schlafsack
sal Salz
salchicha Wurst
salida Ausgang
salir ausgehen
salmón Lachs
salsa Soße
sartén Pfanne
secador Föhn
sencillo einfach
sentir fühlen
ser sein
servicios Toilette
servilleta Serviette
servir servieren
silla Stuhl
simpático nett
sin ohne
sol Sonne
solomillo Steak
sombra de ojos Lidschatten
soso/a langweilig
spray antimosquitos Mückenspray

subir einsteigen
sucio/a schmutzig
sujetador BH
supermercado Supermarkt
surfear surfen

T

tabla de surf Surfbrett
tacones Absätze
tarde spät
tarta Torte
taxi Taxi
teatro Theater
temprano früh
tendedero Wäscheleine
tenedor Gabel
tener haben
tenis Tennis
terraza Terrasse
tiburón Hai
tienda Zelt
tienda Geschäft, Laden
tienda de playa Strandlokal
tienda de ropa Bekleidungsgeschäft
tijeras Schere

toalla Handtuch
toalla de bano Badehandtuch
toallitas de algodón Wattepads
todo recto geradeaus
tomar el sol sonnen
tomate Tomate
tonto/a dumm
trabajar arbeiten
trago Kurzer
tranvía Straßenbahn
tren Zug
tripa Bauch
tumbarse sich hinlegen
tumbona de playa Strandliege

U

uniforme Uniform
uvas Weintrauben

V

vaca Kuh
vacaciones Urlaub
vagina Vagina
vainilla Vanille
vaso Glas

vela Kerze
vendedor/a Verkäufer(in)
ventanas Fenster
verde grün
verduras Gemüse
vestidito Kleid
viajar reisen
viento Wind
vinagre Essig
vino Wein
violeta lila
volar fliegen
vóleybol Volleyball

Z
zanahoria Möhre
zapatillas Pantoffeln,
 Turnschuhe
zorro Fuchs

AUSSERDEM ERHÄLTLICH

100% Englisch
ISBN 978-3-943502-14-5

100% Französisch
ISBN 978-3-943502-15-2

100% Griechisch
ISBN 978-3-943502-63-3

100% Italienisch
ISBN 978-3-943502-16-9

100% Portugiesisch
ISBN 978-3-943502-17-6

100% Russisch
ISBN 978-3-94350-64-0

100% Türkisch
ISBN 978-3-943502-21-3

Unter **www.100travel.de** finden Sie weitere Informationen zum 100% Programm, z.B. den 100% Cityguides für spannende Städtetrips und den 100% Travelguides für tolle Urlaubsregionen.

100% SPANISCH – GUIDE & APP wurde mit großer Sorgfalt zusammengestellt. mo media ist nicht verantwortlich für eventuelle inhaltliche Fehler. Anmerkungen und/oder Kommentare können Sie gern an die unten stehende Adresse richten.

mo media GmbH, Betr. 100% Spanisch
Elisabethkirchstraße 17, 10115 Berlin
Mail: info@momedia.com
www.100travel.de/sprachguides

redaktion Textcase
übersetzung Beatriz del Saz für Textcase
bearbeitung Allround Fremdsprachen
foto cover Hans Zeegers
gestaltung Kim Peters, Funkfabriek
konzept Joyce Enthoven

100% Spanisch ISBN 978-3-943502-18-3
© mo media GmbH, Berlin, korrigierte Nachauflage,
Mai 2015